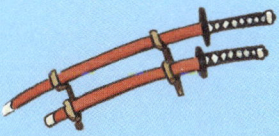

Dieses Buch kann alleine lesen:

_____

Starke
Abenteuer-Geschichten
zum Lesenlernen

Die **L E S E M A U S** ist eine eingetragene Marke des Carlsen Verlags.

Sonderausgabe im Sammelband
ISBN: 978-3-551-06639-8
© Carlsen Verlag GmbH, Postfach 500380, 22703 Hamburg 2019

Illustration der Lesemaus: Hildegard Müller
Umschlagkonzeption: Gunta Lauck
Umschlagillustration und Vorsatzpapier: Astrid Vohwinkel
Lektorat: Steffi Korda, Büro für Kinder- & Erwachsenenliteratur
Satz: Karin Kröll
Lithografie: ReproTechnik Fromme, Hamburg

Pfeffer-Piet, der schlaue Pirat
© Carlsen Verlag GmbH, Hamburg 2012

Kleine Wolke, großer Bär
© Carlsen Verlag GmbH, Hamburg 2005

Zwei junge Samurai
© Carlsen Verlag GmbH, Hamburg 2008

Alle Bücher im Internet: www.lesemaus.de
Newsletter mit tollen Lesetipps kostenlos per E-Mail: www.carlsen.de

Inhalt

Viel Spaß!

Pfeffer-Piet, der schlaue Pirat

Eine Geschichte von Imke Rudel
mit Bildern von Astrid Vohwinkel

Piet wird Piratenkoch

Piet ist Schiffsjunge auf einem Segelschiff.

In Indien hat die „Nina" Gewürze geladen.

Fremde Gewürze wachsen weit weg,

in Ländern, wo es immer warm ist.

Nun ist das Schiff auf dem Weg zurück.

Die Fracht ist wertvoll und

die Heimreise ist gefährlich.

Eines Tages ruft der Matrose

im Ausguck: „Piraten!"

Die Piraten stürmen das Schiff.

Sie sind mit Messern und Pistolen
bewaffnet.

Der Kampf ist kurz.

Die Mannschaft der „Nina"
ergibt sich schnell.

Der Piratenkapitän schaut Piet an:

„Kannst du kochen?" Piet nickt.

„Dann kommst du mit uns!"

Nun ist Piet Piratenkoch.

„Wir haben Hunger",

sagt der Kapitän.

„Geh in die Kombüse und

koch uns was Gutes!"

Die Kombüse ist die Küche eines Schiffs.

Dort will Piet eine Suppe kochen.

Im Vorratsraum lagern die Gewürze.

Piet überlegt: „Pfeffer ist wertvoll

und scharf.

Es wird die Piraten ärgern,

wenn ich viel Pfeffer nehme."

Er zerstößt zwei Hände

voll Pfefferkörner.

Piet streut den Pfeffer in die Suppe.
Dann trägt er den schweren Topf
an Deck.
Der Kapitän nimmt sich
sofort den ersten Teller.

Hungrig löffelt er seine Suppe
und bekommt einen knallroten Kopf.
Er schreit: „Willst du mich verbrennen?"
Mit großen Schlucken trinkt er
einen halben Eimer Wasser aus.
Den anderen Piraten aber schmeckt es.
„Lecker, deine Feuersuppe!",
ruft der rote Sam.

Leserätsel

Wie heißt das alte Schiff von Piet?

☐ Ina

☐ Tina

☐ Nina

☐ Lina

Was ist der Ausguck?

☐ Das vordere Fenster im Piratenschiff

☐ Ein Beobachtungsplatz am oberen Schiffsmast

☐ Eine Luke im Schiffsboden

☐ Der Ort, an dem der Kapitän steht

Wie nennt man die Schiffsküche? Stelle
die Dosen in die richtige Reihenfolge!

Ü E M K B O S

— — — — — — —

Ordne den Sätzen das passende Wort zu!
Die farbigen Buchstaben verraten dir,
wovon jeder Pirat träumt.

1	Piet kocht eine	PIRATENKOCH
2	Die „Nina" ist ein	SUPPE
3	Piet ist nun	TOPF
4	Der rote Sam ist ein	SCHIFF
5	Die Suppe ist im	GEWÜRZ
6	Pfeffer ist ein	PIRAT

Jeder Pirat träumt von

einem __ __ __ __ __ __ .

    1   2   3   4   5   6

Das wilde Piratenleben

Von nun an kocht Piet
mit weniger Pfeffer.
Und er probiert auch
die anderen Gewürze aus:
Nelken, Muskat und Zimt.
Jeden Tag gibt es ein
richtiges Piratenessen
aus Bohnen und Fisch
oder Pökelfleisch.
Die Piraten sind begeistert!

Es gibt noch einen Grund
für die gute Laune der Piraten.
Beim Überfall auf die „Nina"
haben sie eine gute Prise gemacht.
So nennen die Piraten ihre Beute.
Im nächsten Hafen wollen sie
die Gewürze für viel Gold verkaufen.

Piet hat sich fast an das Leben
auf dem Piratenschiff gewöhnt.
Die Piraten müssen jeden Tag
das Deck schrubben.
Und kaputte Stellen
im Segel ausbessern.
Genau wie andere Seeleute auch.

Und nicht alle Piraten sind unfreundlich.
Der rote Sam zeigt Piet gerade
einen neuen Seemannsknoten.
Da taucht ein Segel am Horizont auf.
Sam schreit sofort: „Schiff in Sicht!
Alle Mann an die Pistolen!"

Piet will sich am liebsten
unter Deck verkriechen.
Aber Sam sagt: „Jeder muss kämpfen!
Piratengesetz!"
Piet holt seine Pistolen
und den Beutel mit Schießpulver.
Auf einmal hat er eine Idee.
In der Kombüse steht eine Schüssel
mit zerstoßenem Pfeffer.

„Der sieht genauso aus wie
Schießpulver", denkt Piet.
„Ich schütte einfach den Pfeffer dazu."
Und statt der Kugeln steckt er
Pfefferkörner in die Pistolen.

Leserätsel

Welche Gewürze lagern in den Säcken?

‾ ‾ ‾ ‾ ‾ ‾ ‾   ‾ ‾ ‾ ‾

‾ ‾ ‾ ‾ ‾ ‾   ‾ ‾ ‾ ‾ ‾ ‾

Wie nennen die Piraten ihre Beute?

☐ Liese   ☐ Friese

☐ Prise   ☐ Riese

Heute gibt es Buchstabensalat. Was liegt sonst auf den Tellern der Piraten?

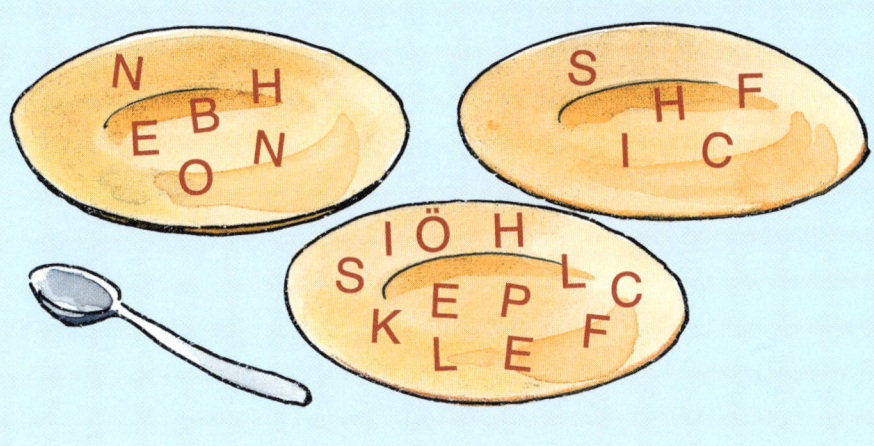

_ _ _ _ _ _   _ _ _ _ _

_ _ _ _ _ _ _ _ _ _ _

Womit lädt Piet seine Pistolen?

☐ Kraut und Rüben

☐ Pfeffer und Pfefferkörner

☐ Zimt und Zucker

☐ Tee und Kakao

Leichte Beute

Als Piet wieder an Deck kommt, haben
die Piraten das andere Schiff erreicht.
Der rote Sam wirft seinen Enterhaken
hinüber in die Segel.

Er schwingt sich am Seil nach drüben
und ruft Piet zu: „Schieß endlich!"
Zitternd drückt Piet die Pistole ab.
Er kann kaum glauben,
was dann passiert:
Die Seeleute fangen an zu niesen.
Ihre Augen tränen
und sie denken gar nicht mehr
ans Kämpfen.

Piet und seine Mannschaft erbeuten
eine große Truhe mit Edelsteinen.
Die Seeleute niesen noch immer.
Der Kapitän und seine Mannschaft
wundern sich.
So leicht war ein Überfall noch nie!
„Womit hast du geschossen, Piet?",
fragt der rote Sam.

Piet erzählt von der Pfefferladung.

„Eine tolle Idee!",

sagt der Piratenkapitän.

„Das machen wir jetzt immer so."

Da rufen alle Piraten:

„Hoch lebe Pfeffer-Piet!"

Infoseite
Berühmte Piraten

Edward Teach wurde Blackbeard (schwarzer Bart) genannt. Seinen Bart trug er zu vielen Zöpfen geflochten. Bei einem Angriff steckte er sich brennende Zündschnüre unter den Hut.

Francis Drake war ein berühmter Kaperfahrer. Er hatte einen Kaperbrief der englischen Königin. Der Brief erlaubte ihm, andere Schiffe und Länder zu überfallen.

Bartholomew (Bart) Roberts
war vermutlich der erfolgreichste
Pirat. Er soll mehr als 400 Schiffe
überfallen haben. Auf Bildern ist
er immer sehr vornehm gekleidet.
Er trank angeblich nie etwas
Stärkeres als Tee.

Klaus Störtebeker war ein
Anführer der Vitalienbrüder.
Er überfiel am liebsten die
Frachtschiffe der Hanse. (So
nannte man die Vereinigung
der norddeutschen Kaufleute.)
Dafür wurde er in Hamburg
geköpft.

31

S. 16/17:

Das alte Schiff von Piet heißt Nina.
Der Ausguck ist ein Beobachtungsplatz
am oberen Schiffsmast.
Die Schiffsküche heißt KOMBÜSE.
Jeder Pirat träumt von einem SCHATZ.

S. 24/25:

PFEFFER, NELKEN, MUSKAT, ZIMT
Piraten nennen ihre Beute Prise.
BOHNEN, FISCH, PÖKELFLEISCH
Piet lädt seine Pistolen mit Pfeffer
und Pfefferkörnern.

Lösungen

Kleine Wolke, großer Bär

Eine Geschichte von Julia Boehme
mit Bildern von Astrid Vohwinkel

Trapper im Wald!

„Was für ein blöder Name!", denkt Kleine
Wolke. Wie kann man nur Kleine Wolke
heißen?

Und dann noch als Sohn vom Häuptling.
Wie konnte Papa das überhaupt zulassen?
Kleine Wolke hütet die Ponys und dabei
hat er Zeit nachzudenken.

„Wenn ich wenigstens Große Wolke
heißen würde", seufzt er.

Große Wolken können ein Gewitter mit
Blitz und Donner bringen. Das wäre
immerhin ein bisschen gefährlich.

Aber Kleine Wolke? Kleine Wolken
bringen höchstens einen Nieselregen …
Als Kleine Wolke abgelöst wird, läuft er
gleich nach Hause. Sein Vater sitzt
vor dem Tipi und raucht Pfeife.
Kleine Wolke setzt sich zu ihm.
„Kann ich nicht endlich einen
anderen Namen bekommen?",
fragt er.
Aber sein Vater, der Häuptling,
schweigt und zieht an seiner
langen Pfeife.

Am nächsten Morgen bei Sonnenaufgang
ist Kleine Wolke sofort wach.
Heute früh muss er wieder die Ponys hüten.
Am Nachmittag aber hat er frei.
Da will er in den Wald. Kleine Wolke
liebt es, alleine im Wald herumzustreifen.
Dabei beobachtet er die Tiere:
Kaninchen, Waschbären, Luchse, Biber
oder die großen Wapitihirsche.

38

Am liebsten schaut er aber nach den
Grizzlybären. Dieses Jahr hat eine
Bärin gleich zwei Junge bekommen.
Fast jeden Tag schleicht sich
Kleine Wolke zur Wiese am Bach.
Dort, wo die Bärenmutter ihre Höhle hat.
Auch heute pirscht er sich leise an die
Lichtung heran.
Genau wie er es von seinem Vater gelernt
hat: lautlos und immer gegen den Wind,
damit die Bärenmutter ihn nicht wittern kann.

Doch diesmal ist er nicht allein.

Es schleicht noch jemand im Wald herum.

Immer wieder hört Kleine Wolke lautes

Knacken und Knistern.

Das können keine Indianer sein, die da

durch den Wald laufen!

Und richtig: Kleine Wolke entdeckt zwei

Bleichgesichter mit einem Gewehr.

Es sind Trapper. Das sieht man sofort.

Großvater hat viel von ihnen erzählt:
Sie stellen Fallen und jagen Tiere.
Viel zu viele Tiere. Denn sie jagen nicht,
weil sie Hunger haben, sondern um die
Felle in der Stadt zu verkaufen.
„Worauf haben sie es wohl abgesehen?",
überlegt Kleine Wolke. „Auf Waschbären
vielleicht?"
Er schleicht sich etwas näher an die
beiden Trapper heran, um sie zu
belauschen. Ganz vorsichtig, damit sie
ihn nicht bemerken.

„Die Felle der Jungen sind zwar klein,
aber ganz weich", sagt der eine.
„Ja", lacht der andere. „Sicher werden wir
einen guten Preis für sie bekommen.
Für Bärenfelle zahlt man in der Stadt
eine ganze Menge!"
„Bärenfelle?", denkt Kleine Wolke
erschrocken. „Die beiden wollen doch
nicht die Bärenjungen schießen!"
Kleine Wolke rennt schnell zur
Bärenhöhle. Hoffentlich sind die Bären
heute nicht zu Hause!

Doch die beiden kleinen Grizzlys spielen auf der Wiese vor der Höhle. Wie immer tollen sie herum und kugeln sich im Gras. Und die Bärin?

Kleine Wolke schaut sich um: Wo steckt sie bloß?

Die Bärenmutter watet im nahen Bach und fängt Fische. Sie hat keine Ahnung, was hier im Wald vorgeht. Sie hat nur ihre Lachse im Sinn. Kann sie denn nicht besser auf ihre Jungen aufpassen!

Kleine Wolke lauscht. Er hört die Trapper schon kommen. Was soll er nur machen?

Leserätsel

Schreibe alle Namen auf und kreuze
den richtigen Indianernamen an.

Weiße   _ _ _ _ _

Kleine   _ _ _ _ _

Große   _ _ _ _ _

Kleiner   _ _ _ _ _

Kleine   _ _ _ _ _

Sein Vater ist …

☐ der Feigling.

☐ der Häuptling.

☐ der Bückling.

☐ der Hauptmann.

Verbinde die Bilder mit den
passenden Begriffen.

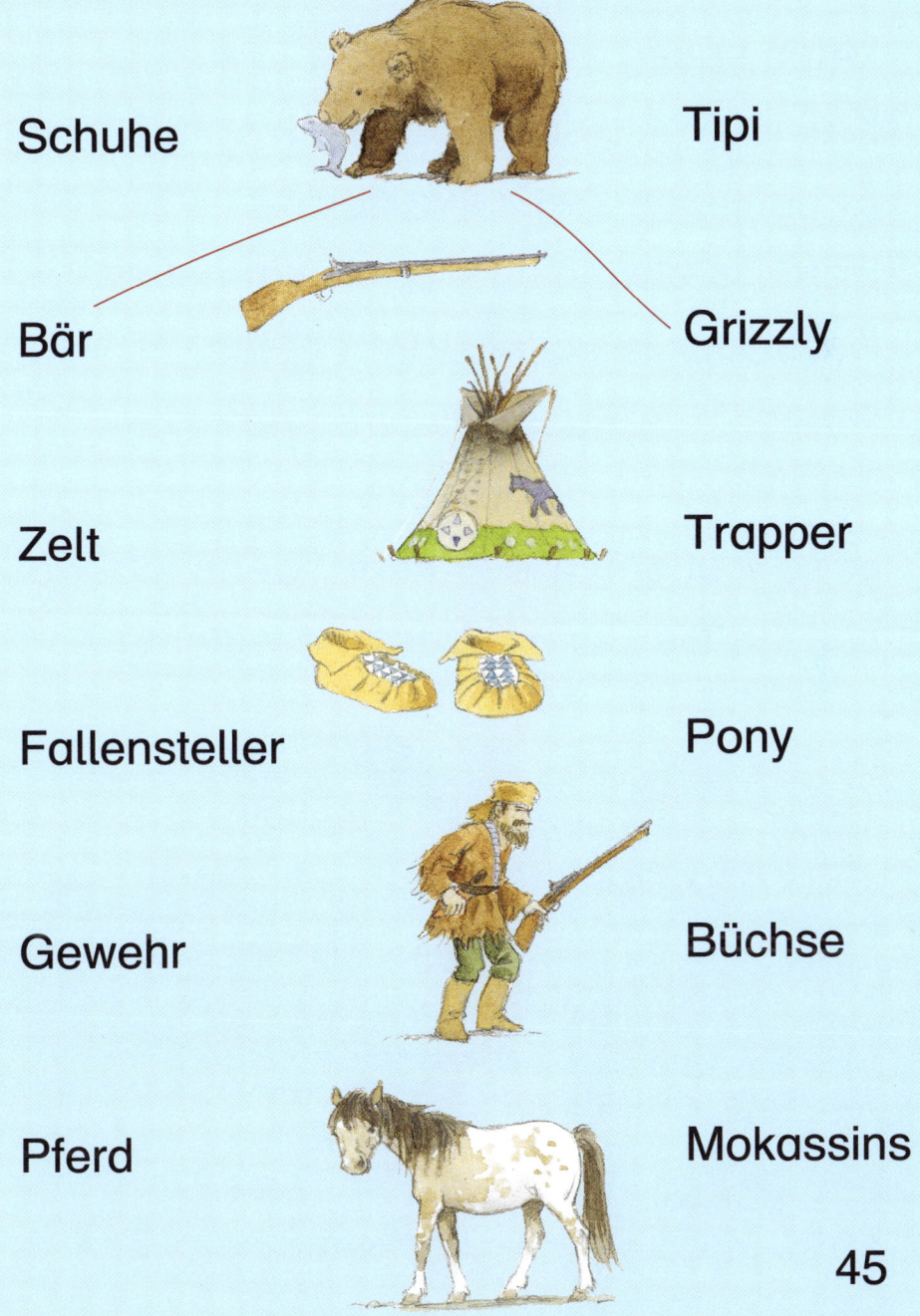

Schuhe

Tipi

Bär

Grizzly

Zelt

Trapper

Fallensteller

Pony

Gewehr

Büchse

Pferd

Mokassins

45

Angriff der Bärenmama

„Da sind ja die Kleinen. Los, lad deine Büchse!", hört Kleine Wolke den einen Mann sagen.

Kleine Wolke schnappt nach Luft.

Er hat keine Zeit zu verlieren.

Er muss etwas tun – und zwar sofort.

Kurz entschlossen stürmt er los.

Runter zum Bach! Diesmal rennt er mit dem Wind. Und beim Laufen stampft er so laut auf, wie er kann. Denn jetzt soll ihn die Bärin hören und wittern.

Und wirklich: Überrascht hebt
die Bärin ihren Kopf.
Kleine Wolke ist schon beim Bach.
Er nimmt einen großen Stein und wirft ihn
im hohen Bogen ins Wasser. Platsch!
Dem Grizzly direkt vor die Nase.
Das lässt sich keine Bärin gefallen!
Mit einem gewaltigen Satz springt sie los.
Kleine Wolke rast auf das große Gebüsch
zu, hinter dem sich die beiden Trapper
verstecken. Und die Bärin
jagt hinter ihm her!

„Hilfe! Die Bärin kommt!",
brüllt schon der eine Trapper.
„Los, schieß!"
Der andere zielt auf die Bärin.
Doch er hat nicht mit dem
Indianerjungen gerechnet.
Im Vorbeirennen tritt Kleine Wolke
gegen das Gewehr.
Der Schuss kracht in die Luft.
Zum Nachladen ist keine Zeit.
Die beiden Männer fliehen
Hals über Kopf.

Kleine Wolke aber klettert blitzschnell
auf einen Baum. Puh! Gerettet!
Von hier oben sieht er, wie die Trapper
um ihr Leben rennen. Die Bärin ist ihnen
dicht auf den Fersen. Die beiden Trapper
laufen direkt auf einen Abhang zu.
Aber genau das ist ihre Rettung! In ihrer Not
springen sie vom Felsvorsprung und kullern
den Abhang hinunter. Da kann die Bärin
nicht hinterher. Wütend bäumt sie sich auf
und brüllt gefährlich.

Die Trapper kommen mit ein paar blauen
Flecken davon. Aber so schnell werden
sie sich nicht mehr in diesen Wald trauen.
Da ist sich Kleine Wolke sicher.
Die Bärin trottet durch den Wald zurück.
Doch plötzlich stutzt sie. Sie hat etwas
gewittert. Kleine Wolke hält den Atem an,
als die Bärin zu seinem Baum trabt.
Die Grizzlybärin richtet sich zu ihrer
vollen Größe auf. Kleine Wolke schluckt.
Sie ist viel größer als der größte Krieger!
Und dann diese riesigen Pranken!
Und erst die Zähne!
Die Bärin schaut ihm direkt in die Augen.
Kleine Wolke streift seine Schuhe ab.
„Mach, dass du wegkommst!", ruft er.
Und er ist kurz davor, ihr seine Mokassins
auf die Nase zu werfen.

Da hebt die Bärin ihre Tatze. Gar nicht
drohend, sondern eher so, als ob sie ihm
zuwinken würde. Dann dreht sie sich um
und läuft eilig zu ihren Jungen.

Später am Lagerfeuer erzählt Kleine
Wolke sein Abenteuer. Alle Indianer hören
gespannt zu.
Als Kleine Wolke fertig ist, zieht sein Vater,
der Häuptling, nachdenklich an seiner
Pfeife.

„Du sollst einen neuen Namen bekommen",
sagt er dann.
„O ja!", jubelt Kleine Wolke. „Welchen denn?"
„Flinker Bär", sagt sein Vater bedächtig.
Flinker Bär strahlt. Seinen neuen Namen
will er nicht mehr eintauschen.
Nie im Leben!

Leserätsel

Wie lautet der neue Name von Kleine Wolke? __ __ __ __ __ __ __ __   __ __ __ __

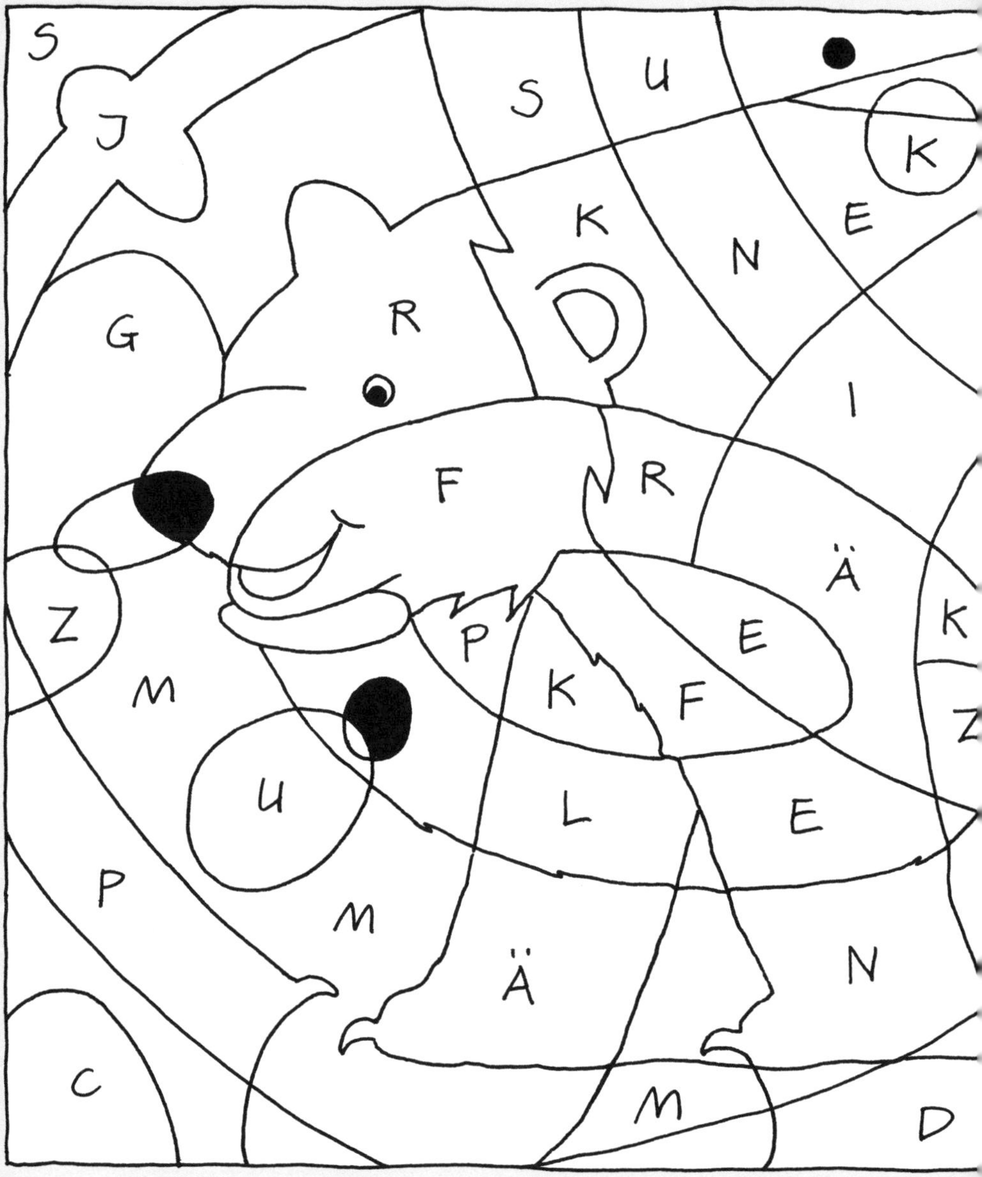

S
J
S   U
K
G   R   K   N   E
D
I
F   R
Z   Ä
M   P   E   K
U   K   F   Z
L   E
P
M
Ä   N
C   M
D

Male alle Felder aus, in denen
ein Buchstabe des neuen Namens steht.
Was siehst du?

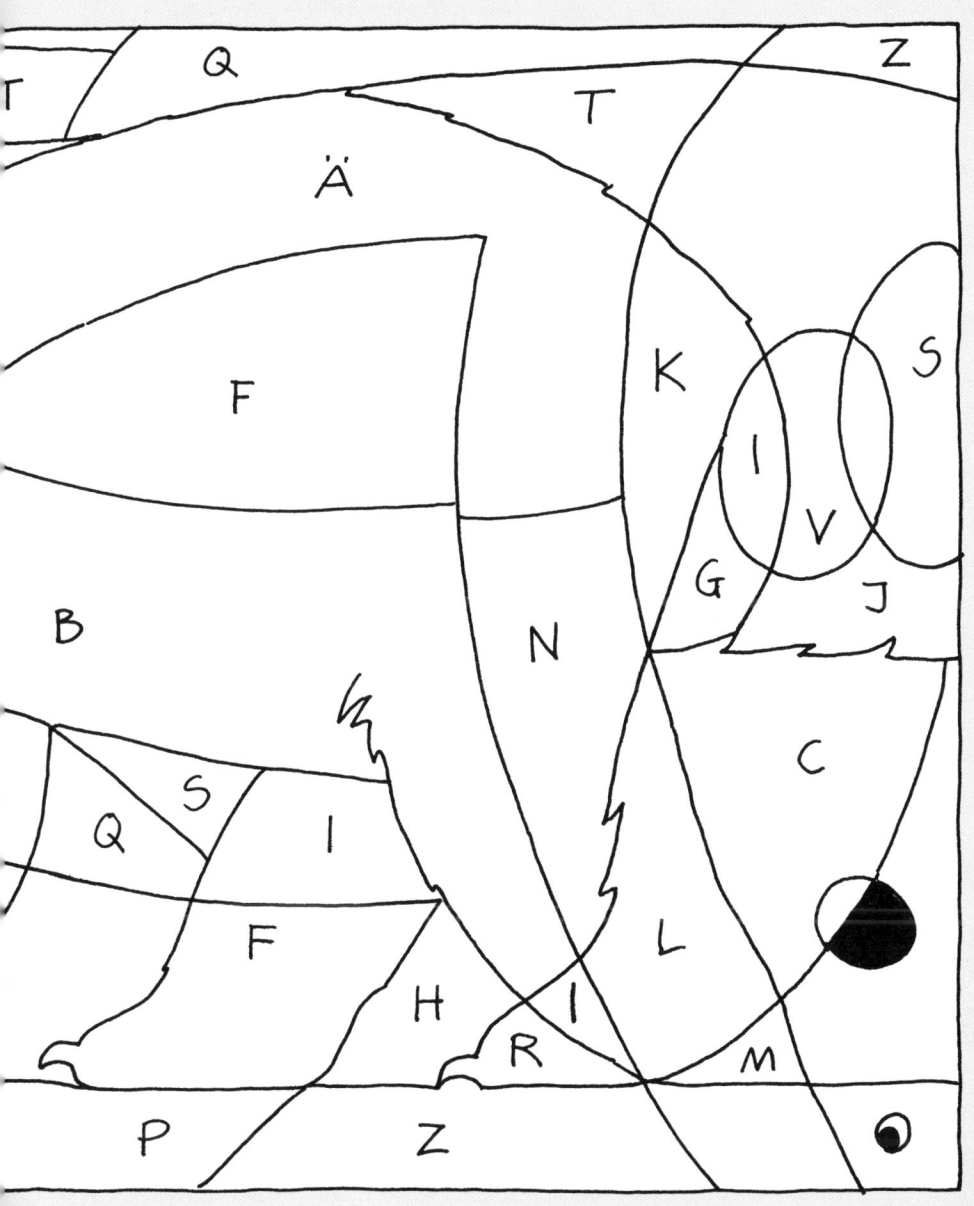

Infoseite
In dieser Landschaft und mit diesen Tieren lebt Flinker Bär mit seinem Stamm.

Adler

Bisons

Wolf

Präriehunde

Präriehühner

Eule

Specht

Wapiti-
hirsch

Elch

Grau-
hörnchen

Grizzly

Biber

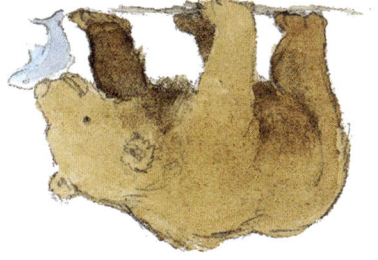

S. 44/45:

Der Indianerjunge heißt Kleine Wolke.

Sein Vater ist der Häuptling.

Schuhe – Mokassins

Bär – Grizzly

Zelt – Tipi

Fallensteller – Trapper

Gewehr – Büchse

Pferd – Pony

S. 54/55:

Der neue Name von Kleine Wolke lautet

FLINKER BÄR.

Wenn du alle Felder richtig ausgemalt hast,

siehst du den Bären.

Lösungen

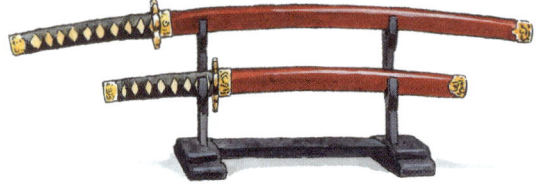

Zwei junge Samurai

Eine Geschichte von Annette Neubauer
mit Bildern von Astrid Vohwinkel

Ein richtiger Krieger

„Puh, ist der Weg steil", seufzt Mako.
„Ja, wenn es nur nicht so heiß wäre",
antwortet Taku seinem Freund.
Die beiden Samurai-Söhne sind
auf dem Weg nach Hause.
Jeden Tag müssen sie zum Kloster
gehen. Dort werden sie im Lesen
und Schreiben unterrichtet.
„Aber wenn wir richtige Krieger werden
wollen, dürfen wir nicht jammern",
fährt Taku fort.

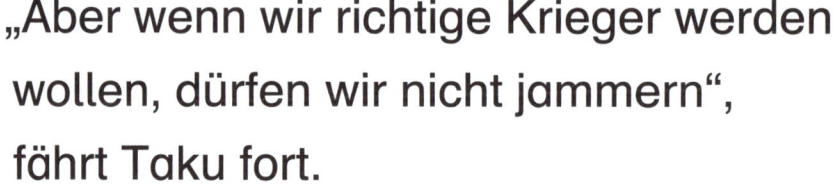

„Ich weiß", antwortet Mako und stöhnt.
„Ob wir wirklich einmal mutige Samurai
werden?", fragt Taku zweifelnd.
„Ich bestimmt!", antwortet sein Freund.
„Mein Vater ist der beste Kämpfer
im ganzen Land. Bald werde ich genauso
schnell mit den Waffen umgehen wie er."
„Unsinn! Mein Vater ist der tapferste
Krieger, der je gelebt hat",
entgegnet Taku.

„Trotzdem bin ich im Bogenschießen
viel besser als du!", behauptet Mako trotzig.
„Das bist du nicht!", sagt Taku beleidigt.
„Ich bin der bessere Schütze von uns beiden.
Das sagt auch unser Lehrer."
„Du lügst!", entgegnet Mako wütend.
Inzwischen haben die beiden eine Burg
erreicht. Sie ist von dicken Mauern umgeben.
Hier wohnen der Daimyo, der Fürst, und
auch die Samurai mit ihren Familien.
Die japanischen Ritter sind ausgebildete
Krieger. Aber wenn Frieden ist, arbeiten sie
als Beamte, Botschafter und Handwerker.

Schweigend gehen die beiden Jungen
über die Brücke.
Im Hof wartet bereits Meister Akio auf sie.
Die Jungen verbeugen sich vor dem
großen Krieger mit der geschorenen Stirn
und dem schwarzen Zopf.
Wie alle Samurai legt auch Akio seine
Rüstung nur in Kriegszeiten an.
Gewöhnlich trägt er eine Hoftracht,
die aus einer Weste mit breiten Schultern,
einer weiten Rockhose und
einem Gürtel mit Schwertern
besteht.

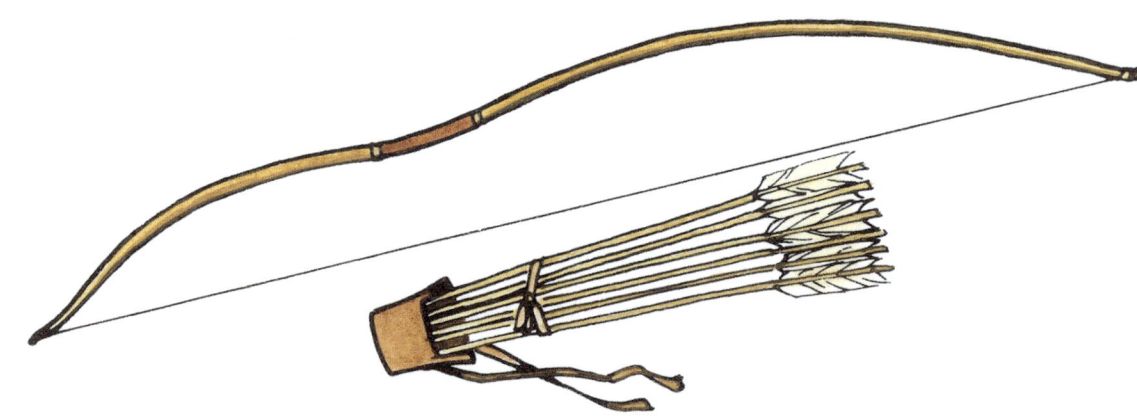

„Willkommen!", begrüßt der Meister
seine Schüler. Jeden Nachmittag
unterrichtet Akio die Jungen im
Bogenschießen, Fechten, Schwimmen
und Reiten.
„Wir wollen gleich mit unseren Übungen
beginnen", verkündet er.
Sofort laufen Mako und Taku zu
einer kleinen Hütte, um Pfeil und Bogen
zu holen.
„Jetzt werden wir sehen, wer von uns
beiden der bessere Schütze ist",
zischt Taku.
„Warte es nur ab", antwortet Mako zornig.
„Heute werde ich dich besiegen."

66

Mit Pfeil und Bogen in den Händen
eilen Mako und Taku zurück zum
Innenhof. Dort legen sie ihre Waffen
vor ihren Füßen ab. Als Zeichen
der Anerkennung verneigen sie sich
wie richtige Krieger voreinander.
Doch heute verbeugen sich die Jungen
nur mit Widerwillen. Schnell greifen sie
zu Pfeil und Bogen, um mit dem
Wettkampf zu beginnen.

Den scharfen Blicken ihres Meisters
entgeht das Verhalten der Jungen nicht.
„Mako, du fängst an", fordert er seinen
Schüler mit ruhiger Stimme auf.
Mako spannt den Bogen. Er zielt.
Kurz darauf saust der Pfeil durch die Luft.
Doch er fliegt über die Scheibe hinweg
und bleibt in einem Strohdach stecken.
„So ein Mist!", ruft Mako und stampft
mit dem Fuß auf.
Ohne ein Wort des Tadels wendet sich
Akio zu Taku. „Du bist an der Reihe",
sagt der Meister gelassen.

„Jetzt werde ich es Mako zeigen",
denkt Taku.
Aufgeregt spannt er den Bogen.
Er kneift sein linkes Auge zu und zielt.
„Denke daran, ruhig und tief zu atmen",
mahnt ihn Akio.
Aber der Pfeil schwirrt bereits durch
die Luft, fliegt seitlich am Ziel vorbei
und landet auf dem Boden.
Enttäuscht lässt Taku die Schultern
hängen.

Leserätsel

Was gehört zur Hoftracht eines Samurai?

B Weste

A Krawatte

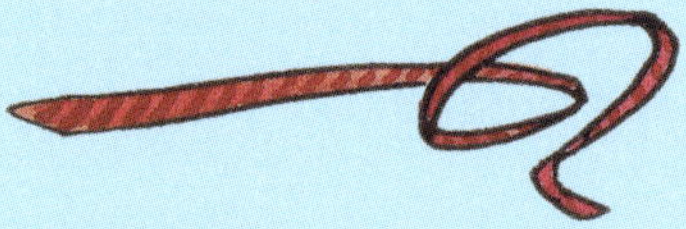

U Gürtel

P Turnschuhe

R Rockhose

G Schwerter

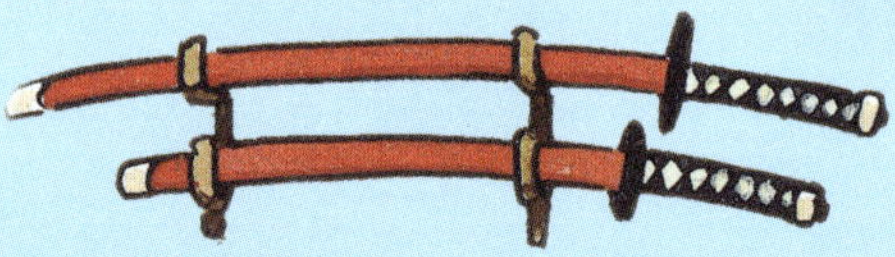

T Schirmmütze

Die Buchstaben neben den richtigen Antworten verraten dir, wo die Samurai wohnen:
Auf einer __ __ __ __

Wie nennen die Samurai ihren
Landesherrn?

☐ Dackelzoo

☐ Domino

☐ Daimyo

Die Samurai verneigen sich
als Zeichen der

__ __ __ __ __ __ __ __ __ __ __ __ __ __ __ .

Akios Rüstung

Akio blickt regungslos auf seine Schüler.
„Da ihr mit anderen Dingen als dem
Bogenschießen beschäftigt seid,
beenden wir für heute den Unterricht",
bricht er nach einer Weile das Schweigen.
Taku und Mako schauen ihren Meister
verwirrt an.
„Ich möchte euch stattdessen etwas
zeigen." Akio winkt mit der Hand.
„Kommt mit!"
Mit ungutem Gefühl folgen Taku und
Mako ihrem Meister über den Burghof.

Was hat Akio nur vor? Ohne sich
umzublicken, steigt der Krieger die
Eingangsstufen seines Hauses hinauf
und betritt den Wohnraum. Mit festen
Schritten durchquert er das Zimmer und
bleibt vor einer geschlossenen Tür stehen.
Mako und Taku halten den Atem an.
Sie ahnen, dass Akio ihnen das Kostbarste
zeigen wird, was ein Samurai besitzt.
Tatsächlich: Ihr Meister öffnet die Tür
und tritt zur Seite. Mako und Taku
trauen sich kaum, näher zu kommen.

Mitten im Raum steht Akios Rüstung.
Ihr Helm mit der silbernen Sichel funkelt
ihnen entgegen. Als die Jungen die Maske
anschauen, läuft ihnen ein Schauer über
den Rücken. Zu unheimlich wirkt der
lederne Gesichtsschutz!
Der Brustpanzer ist aus Stahlplättchen
gefertigt, und unter dem breiten Gürtel
blitzen zwei Schwerter.
Es heißt, dass Akio mit ihnen fliegende
Blätter in der Luft durchschneiden kann.
So scharf sind die Waffen. Und so schnell
ist die Hand ihres Meisters.

„Möchtet ihr auch einmal eine
Samurairüstung tragen?", fragt Akio.
„Ja, Meister", antworten beide.
„Dann werdet ruhig wie der Wald,
unbewegt wie der Berg und schnell
wie der Wind", erklärt Akio.
„Aber wie?", fragt Mako. „Wir üben
doch schon jeden Tag!"
„Denkt nicht daran, was der andere tut.
Vertraut euren eigenen Kräften",
fährt Akio fort.
„Meinst du, wir haben eben schlecht gezielt,
weil wir wütend waren?", fragt Taku.
Akio schweigt.

„Hast du Meister Akio verstanden?",
fragt Mako seinen Freund, als sie
wieder auf dem Burghof stehen.
„So richtig nicht", sagt Taku ehrlich.
Mako hebt seinen Bogen auf und blickt
sich um. Wo sind denn die Pfeile
geblieben?
„Sucht ihr etwas?", ertönt es hinter ihnen.
Taku und Mako wirbeln herum und
sehen Kenta, einen älteren Jungen,
der sie oft ärgert. Er hält ihre Pfeile
in der Hand.

„Wollen wir ein Wettschießen machen?",
fragt Kenta grinsend. „Wenn ich gewinne,
bekomme ich eure Pfeile!"
„Und wenn wir gewinnen?", fragt Taku.
„Dann bekommt ihr eure Pfeile!",
sagt Kenta und lacht.
„Das ist gemein!", sagt Taku empört.
Doch Mako greift nur wortlos zu seinem
Bogen. „Ich bin bereit", verkündet er.
Kenta reicht ihm einen Pfeil. Mako
spannt und zielt. Diesmal lässt er sich
Zeit. Dann saust der Pfeil los …
und trifft die obere Hälfte der Scheibe.

„Nicht übel", sagt Kenta überrascht.

„Aber jetzt zeige ich euch, wie ein richtiger Samurai schießt."

Schon schnellt sein Pfeil durch die Luft.

Doch er trifft nicht besser als Mako.

„Jetzt du, Taku!", sagt Kenta mürrisch.

Eilig stellt sich Mako neben seinen Freund.

„Denk an Akios Worte", flüstert er.

Taku schließt kurz die Augen. Dann nimmt er Pfeil und Bogen. Ruhig blickt er zur Zielscheibe. Er atmet tief ein und aus und öffnet die Finger. Getroffen! Mitten ins Schwarze!

„Wie hast du das gemacht?", fragt Kenta.

„Hör auf, uns zu ärgern, und wir verraten dir ein Geheimnis", antwortet Taku.

„Abgemacht!", willigt Kenta ein.

„Bevor die Sonne aufgeht, musst du dreimal auf den Pfeil spucken", erklärt Taku. „Das machen alle tapferen Samurai so."

Mako nickt zustimmend. Verwirrt blickt Kenta von einem zum anderen. Dann dreht er sich um und läuft davon. Kaum ist er verschwunden, prusten die beiden Freunde laut los. Und Meister Akio, der von seinem Fenster aus alles beobachtet hat, schüttelt lächelnd den Kopf.

Leserätsel

Bringe die Sätze in die richtige
Reihenfolge.

U   Er spannt den Bogen und zielt.

R   Taku nimmt Pfeil und Bogen
    in die Hände.

E   Der Pfeil fliegt los.

H   Er öffnet die Finger.

Richtig geordnet ergeben
die Buchstaben eine Eigenschaft,
die nicht nur für Samurai
hilfreich ist: __ __ __ __

80

Welches Wort gehört jeweils zum Bild?

S Pfeife
W Pfeil

I Bogen
U Bohne

N Burg
X Berg

D Schwert
O Schwein

Die Buchstaben neben den richtigen
Antworten ergeben das Lösungswort:

— — — —

Infoseite

DIE SAMURAI

Das Wort Samurai bedeutet „Diener" oder „Begleiter".
Als Krieger unterstanden die Samurai dem Daimyo,
ihrem Fürsten. Die ersten Samurai gab es schon im
10. Jahrhundert. Stolz, Mut und großes Geschick im
Umgang mit Waffen waren für sie besonders wichtig.
Mit dem 19. Jahrhundert endete die Zeit der Samurai.

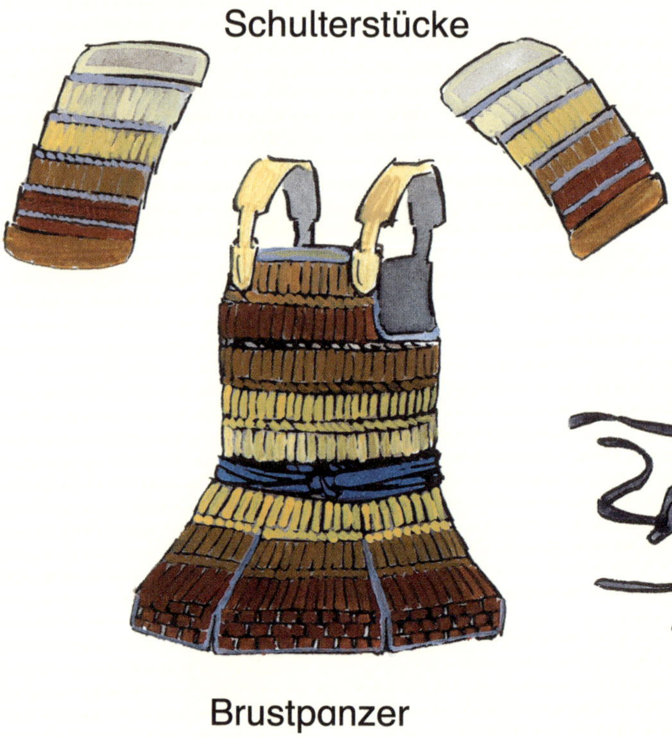

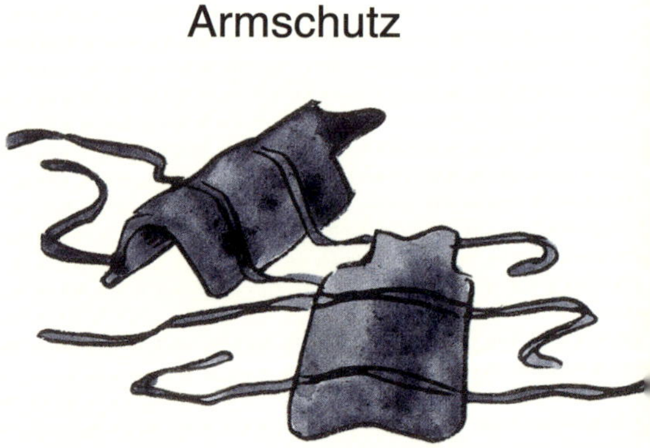

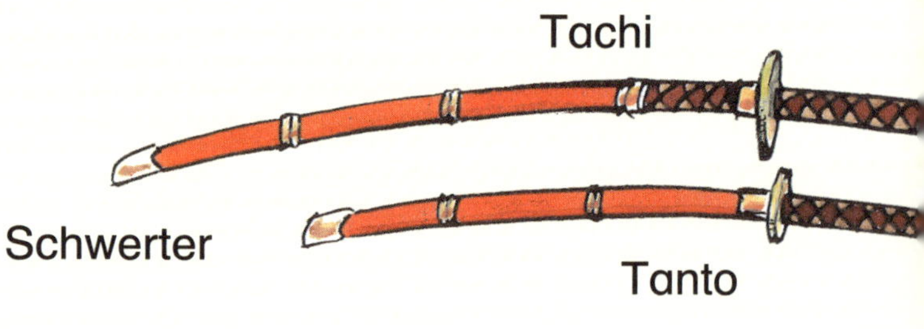

Schulterstücke

Armschutz

Brustpanzer

Tachi

82

Schwerter

Tanto

Gesichtsmaske

Helm

Rockhose

Beinschutz

S. 70/71:

Zur Hoftracht eines Samurai gehören eine Weste,
ein Gürtel, eine Rockhose und Schwerter.
Die Samurai wohnen auf einer BURG.
Der Landesherr heißt Daimyo.
Die Samurai verneigen sich als Zeichen der
ANERKENNUNG.

S. 80/81:

Die wichtige Eigenschaft ist RUHE.
Lösungswort: WIND

Lösungen

Lesen lernen mit der Lesemaus

Liebe Eltern,

alle Kinder wollen Lesen lernen. Sie sind von Natur aus wissbegierig. Diese Neugierde Ihres Kindes können Sie nutzen und das Lesenlernen frühzeitig fördern. Denn Lesen ist die Basiskompetenz für alles weitere Lernen. Aber Lesenlernen ist nicht immer einfach. Es ist wie mit dem Fahrradfahren: Man lernt es nur durch Üben – also durch Lesen.

Lesespaß mit Lesepass

Je regelmäßiger Ihr Kind übt, desto schneller und besser wird es das Lesen beherrschen. Eine schöne Motivation kann unser 10-Minuten-Lesepass sein. Das Trainingsprogramm mit Sammelpunkten erfordert nur kurze Leseeinheiten von 10 Minuten. Das Sammeln macht Kindern Spaß und motiviert sie von Anfang an. Den Lesepass finden Sie kostenlos zum Download unter carlsen.de/lesepass.

Wie können Sie Ihr Kind beim Lesenlernen unterstützen?

Je positiver Kinder das Lesen erleben, desto motivierter sind sie, es selbst zu lernen. Versuchen Sie, Ihrem Kind ein Vorbild zu sein. Zeigen Sie Ihrem Kind, dass Lesen und Schreiben zum Alltag gehören. Etablieren Sie gemeinsame Leserituale. So erfährt Ihr Kind: Lesen macht Spaß!

Lesen Sie Ihrem Kind mindestens bis zum Ende der Grundschulzeit vor. Auch wenn Ihr Kind zunehmend eigenständig liest, bleibt das Vorlesen ein schönes und sinnvolles Ritual.

Lesen lernen mit der Lesemaus

Jedes Kind lernt unterschiedlich schnell lesen. Orientieren Sie sich bei der Auswahl von Erstlesebüchern daher an den Interessen und Lesefähigkeiten Ihres Kindes. Die Geschichten sollen Ihr Kind fordern, aber nicht überfordern. Die Lesemaus zum Lesenlernen bietet spannende und leicht verständliche Geschichten für Leseanfänger. Altersgerechte Illustrationen helfen, das Gelesene zu verstehen.

Mit lustigen Leserätseln können die Kinder ihre Lernerfolge spielerisch selbst überprüfen. Außerdem gibt es in jedem Band interessante Sachinfos für Jungen und Mädchen.

Ihnen und Ihrem Kind viel Spaß beim Lesen!

Lesen lernen in kleinen Schritten

Der Leselern-Prozess vollzieht sich über längere Zeit und in mehreren Schritten. Genauso differenziert wie dieser Prozess sind die Erstlesebücher mit der Lesemaus. Umfang, Wortschatz, Schriftgröße, Text-Bild-Verhältnis der Geschichten und das Niveau der Leserätsel sind optimal auf die verschiedenen Phasen des Lesenlernens abgestimmt:

Bild-Wörter-Geschichten – mit Bildern lesen lernen

- Erste Geschichten mit Bildern statt Wörtern für Leseanfänger
- Große Fibelschrift
- Wenig Text, viele farbige Bilder
- Auch ideal zum gemeinsamen Lesen: Das Kind ergänzt das Wort, wenn ein Bild kommt.

Geschichten im Dialog – zu zweit lesen lernen

- Kleine Geschichten zum Vor- und Selberlesen
- Lesen im Dialog – das Erfolgskonzept zum Lesenlernen
- Eltern lesen die linke, Kinder die rechte Seite
- Große Fibelschrift, hoher Bildanteil

Geschichten zum Selberlesen – Lesekompetenz üben und festigen

- Einfache Geschichten für Erstleser, die schon längere Texte lesen können
- Klare Textgliederung in Sinnabschnitte
- Viele farbige Bilder zur Veranschaulichung
- Leserätsel zum Textverständnis

So ein Angeber!

Es ist ein warmer Frühlingstag. Die Freunde aus der 2a verabreden sich für den Nachmittag zum Schwimmen. „Kann ich mitkommen?", fragt Mike. „Wenn du mit Karla um die Wette schwimmst?", sagt Anna spöttisch. „Null Problemo", antwortet Mike.

„Ich wette um eine Tafel Schokolade, dass Karla gewinnt", sagt Mia. Karla ist die beste Schwimmerin der Klasse. Im Herbst wird sie neun Jahre alt. Dann will sie das goldene Jugend-Schwimmabzeichen machen.

10

Extra Lesetraining – vertiefende Methoden zum Lesenlernen

- Spannende Geschichten für Leseanfänger
- Bewährte didaktische Konzepte
- Einfache Sätze, klare Gliederung
- Leserätsel zur Erfolgskontrolle

Silbenmethode

Maria liest mit der Nase!
Marias Klasse plant eine Lesenacht. Die Schüler wollen Geschichten hören und im Klassenzimmer übernachten. „Aber ich kann nicht die ganze Nacht vorlesen. Ihr seid auch mal dran", sagt Herr Baum, der Lehrer. „Und damit das Vorlesen gut klappt, üben wir jetzt noch mal!" Marias Freund Leon ist als Erster dran.

Leon liest wunderbar vor. Dann kommt Finn an die Reihe. Schließlich landet das Buch bei Maria. Da lacht Jaro: „Maria liest ja mit der Nase!" „Die Schrift ist eben zu undeutlich!", sagt Maria wütend.

36

37

Die Reise beginnt
Frau Voss kommt gut gelaunt in die Klasse. „Bald fahren wir für eine Woche an die Nordsee. Das wird bestimmt lustig!" Aber Julian findet das gar nicht lustig. Er war noch nie so lange von zu Hause weg. Er hat auch noch nie woanders geschlafen. Außer bei Oma. Ob er sein Schlafschaf mitnehmen darf? Und mit wem wird er das Zimmer teilen? In der Pause fragt Daniel ihn: „Wollen wir in einem Zimmer schlafen?" Julian nickt erleichtert. Jetzt freut er sich doch auf die Klassenreise.

62

Endlich geht es los. Alle Kinder treffen sich auf dem Schulhof. Frau Voss ist auch schon da. Sie hat ihre Gitarre mitgebracht. Die Kinder sind aufgeregt. Julian hält sein Schlafschaf fest. Er will nicht in den Bus steigen. Frau Voss beruhigt ihn: „Du hast dich doch so auf die Reise gefreut!" Auch Daniel redet ihm gut zu: „Komm, wir suchen uns einen guten Platz im Bus!" Jetzt möchte Julian doch mit. Schnell klettert er hinter Daniel in den Bus und lacht schon wieder.

Vereinfachte Ausgangsschrift

Lesenlernen für

Lesenlernen
mit Spaß
+Anton

Mein **stärkstes** Turnier!
Also fast...

von Heiko Wolz und Zapf

Lesenlernen
mit Spaß
+Anton

Mein **erstes** Profispiel!
Also fast...

KLICK

von Heiko Wolz und Zapf

CARLSEN
www.carlsen.de

echte Fußball-Fans!

Lesenlernen mit Spaß

* für Leseanfänger ab 6 Jahren
* kurze, einfache Sätze
* hoher Bildanteil
* große Fibelschrift

Lesenlernen mit Spaß + Anton

Mein bestes Fußballspiel!
Also fast ...

von Heiko Wolz und Zapf

CARLSEN

Lesenlernen mit Spaß + Anton

Mein größter Erfolg als Trainer!
Also fast ...

von Heiko Wolz und Zapf

CARLSEN

KLICK

Lesenlernen mit

Lesenlernen mit Spaß

* für Leseanfänger ab 6 Jahren
* kurze, einfache Sätze
* hoher Bildanteil
* große Fibelschrift

Lesenlernen mit Spaß + tollen Tieren

Kleine Tiere – große Abenteuer

Christian Tielmann
Marion Elitez

CARLSEN

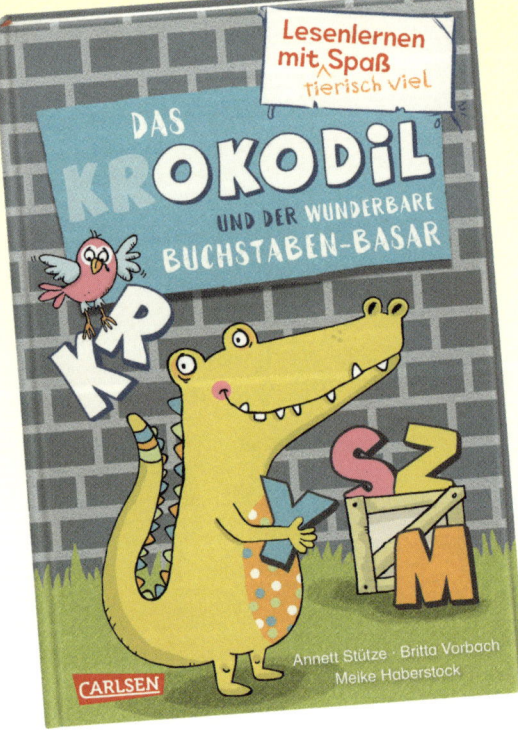

Lesenlernen mit Spaß tierisch viel

DAS KROKODIL UND DER WUNDERBARE BUCHSTABEN-BASAR

Annett Stütze · Britta Vorbach
Meike Haberstock

CARLSEN